심상시선 134

몰입

박복선 시집

시인의 말

   시는 가지 않은 길에 대한 동경이고, 걸어 온 나의 길의 슬픈 눈물이며, 아름다운 기억을 간직한 한 송이 꽃입니다. 올해 돌아가신 어머니 모습이 목련 속에 있었고, 폭염 속에 붉게 타오르는 배롱나무꽃이 부르짖는 소리가 내 시가 되어 어머니께 전해지길 바라는 마음입니다.

   시를 쓰면서 소란한 일상에서 벗어나 몰입할 수 있어서 내 삶의 또 한차례 위기를 넘겼습니다. 많은 길을 걸어서 지금 여기까지 왔습니다. 휘어진 후밋길에서 망연자실 서 있을 때도 있었고, 밤새 폭설이 내린 눈길을 아침에 만나 혼자서 눈 위에 발자국을 내며 앞으로 나가야 할 때도 있었습니다. 나의 시는 지름길도 아닌 순로도 아닌 몇십 년을 돌고 돌아서 온 에움길이었습니다.

시 쓰는 길에 물꼬를 터 주신 박동규 교수님께 감사드립니다. 또 노트와 시집을 사 주며 응원해 준 나의 사랑하는 딸 미경이에게 고마움을 전합니다.

나의 길에 항상 동행해 주시는 하나님 감사합니다.

2025년 2월

박 복 선

차례

시인의 말   2

1부 _
시   11
그 설렘이 나에게   12
마루에 들인 단풍   13
아우라지   14
먼 곳에서의 자유로움   15
7월   16
내 마음의 창   17
보길도   18
소낙비 내리던 날   19
어머니   20
기도   21
갯벌   22
짧은 만남   23
석촌 호수   24
전화벨은 울리지 않고   25
아침 바다   26
열정   27
그리스에 가면   28
어둠   30
몰입   31
1월   32

2부 _

나도 물들고 싶다	37
변산바람꽃	38
고백하고 싶은 날	39
꽃밭	40
길 위의 낙엽	41
꽃비	42
트레비 분수 앞에서	43
나무	44
오월	45
나만의 섬	46
민들레	47
벚꽃길	48
선택	49
유채꽃 흔들릴 때	51
상처	52
미워하는 마음	53
시 한줄 쓰려고	54
장마	55
뭉게구름	56

3부 _

시월	61
탈관	62

그리운 아버지	64
물확	65
섭지 코지에서	66
바람에 흔들리는 것은	67
율동 공원에서	68
이 태풍 지나면	69
지하철	70
은행나무	71
모두 다 잊고	72
눈 내리는 날	74
그대 멀리 보내고	76
석양	77
비 내리는 창가에서	78
게발 선인장	79
6월의 장미	80
아무것도 하지 않아도	81
할머니의 웃음 꽃	82
솔방울	83

4부 _

흐르고 흐르는 것이	87
눈 내린 공원	88
바람 부는 날	89
경포대	90

벚꽃 휘날리는 교정에서	91
연꽃	92
봄밤	93
뒷모습	94
보름 사이	95
바다와 커피	96
구름	97
바다	98
모란이 피었던 자리	99
사모	100
폭우	101
추억	103
카페	104
단풍잎	105
길 위에서	106
내가 여기에 있는 줄도 모르고	107

시평 _
사물에 투영된 자아와 날고 싶어 하는 존재의 꿈
  - 박동규   110

1부

시

너는 예상하지 않은 파장이었어
어느 날 내게로 온 소리 없는 울림
울고 싶은 날 너를 붙들고 위로 받았어
길이 없어 보일 때
수심만큼 깊어진 어두운 마음에
네가 한 줄 들어와 자리 잡았어
스무 바퀴쯤 돌고 돌아서 온 길이었나봐
너와 걷고 있는 길은
쪽빛 바다와 함께 걷는 남파랑길이었어
죽음도 삶의 일부라고 말해주고
무수한 말들이 빛이 되어 흘러나오면서
잊고 사는 무엇인가를 건져 올려 주었어
너는

그 설렘이 나에게

목련꽃이 서로 다투며
하얀 잎을 밤사이 피워내면
오늘 본 목련이 내일은 더 예쁘고
또 그 다음 날은 더 예쁘겠지

얼마나 고고하고 아름다운가
활짝 핀 목련은 은은한데
그 설렘이 나에게만 몰래 온다
오직 나와만 하는 독대

피고 질 때 보이는 다른 모습
지금은 모르겠노라 한다
환하게 홀로 빛을 밝히면서
누구에게도 들키지 않는
둘 만의 설레는 마음

마루에 들인 단풍

가을이 오는 소리에
베란다 귀퉁이에 있던
유리를 깨끗하게 닦아서
낡은 탁자 위에 깔았다

아!
창문 밖에 서 있는
단풍나무가 유리 탁자 위에
사진처럼 들어왔다

마루 한 가득
설악산을 옮겨 놓은 듯
단풍이 붉게 물들었다

가을이
집 안으로
나도 모르게 들어왔다

아우라지

아우라지 다리 위에 서 있는데
구슬픈 정선 아리랑
세찬 물소리에 실려
애절하게 들려온다

시골 총각과 처녀의
이루지 못한 사랑을 안고
두 물이 뒤엉켜
슬프게 흐른다

물은 서로 어우러져
설움도 감싸고 흐르는데
어찌 사람 인연
물 같지 않을까?

먼 곳에서의 자유로움

가끔은
동경과 기대를 안고
아무도 모르는 머언 곳
누구도 아는 이 없는 곳에서
혼자 있고 싶을 때가 있다

스위스 코티지 역 근처
영국의 한 도시에서, 나는
내 영혼 속에 있는
이 갈망을 채우며
작은 카페에 앉아 있다

창밖에는 2월의 찬바람이 불고
젊은 여자가 플라스틱 통 속의
과일을 먹으며 걷고 있다
마치 나무 사이를 지나는 바람처럼

먼 곳에 혼자 있으면
고여 있는 마음의 물길이 열리고
고통의 색깔이 엷어진다
누구도 아는 이 없는 곳에서
혼자 있고 싶을 때가 있다

7월

한 해의 반을 시작하는 칠월

용평 숲 속의 아침은
어제 한 낮의 뜨거운 태양을 잊은 듯
싱그러운 바람과 솔잎 냄새로 시작한다

창틈으로 밀려오는 나무냄새
자연의 경이로움에 홀린 듯
꿈결처럼 밖으로 나간다

밤에 내린 비에
땅은 촉촉이 젖어 있고
개울물은 불어나 우렁차게 흐른다

하늘로 쭉쭉 뻗어 지붕을 만든
오랜 세월의 거목들이 초록을 뽐내고
생명이 회복되는 7월의 아침

또, 다른 시작이다
모든 것이 사랑으로 밀려온다

내 마음의 창

내 마음에 큰
창 하나 내고 싶다

푸른 하늘 마음껏 보고
풀 냄새 맡으며
새도 쉬어가게 하고 싶다

가끔은
접힌 날개를 펴고
비상하고 싶다

재가 된 하얀 마음
날려 보내고
슬픈 시 하나 들이고 싶다

보길도

해남 땅 끝 마을
물살을 헤치고
들어 간 보길도

바람은 세차게 부는데
붉은 동백꽃이
툭,
툭,
툭,
떨어진다

내 가슴도 쿵
소리가 난다

땅바닥에
흩어진 동백꽃 모아
아홉 송이로
얼굴을 그렸다

그 속에
사랑하는 이의 얼굴이
붉게 물들어 있다

소낙비 내리던 날

하늘이 구멍 난 듯
내리던 소낙비

이리저리 피해 뛰었지만
세찬 빗줄기는
물대포처럼 쏟아진다

소리 지르면서
우산도 던져 버리니
빗물은 노래가 되었다

머리부터 발끝까지
허한 마음까지도
흠뻑 적시더니

가슴 속에 꽉 차 있던
가버린 사랑의 흔적
떠내려가고 있다

어머니

무거운 몸 놓으시고
새털처럼 가벼운 몸으로
하늘로 돌아가신
어머니

아무도 모르는 슬픔 안고
반쪽 몸으로 살아 온 40년
숨죽여 울었을 날들을
다 알 수 없어 숨이 막힙니다

보고 싶은 마음 문 닫히지 않아
쉴 새 없이 향하는 그리움으로
그 빈 자리가 두려워
오늘도 마음 가득 찬바람 붑니다

하얀 눈 펑펑 오는
겨울에 오시어
찬바람 맞으며 겨울에 가신 어머니
늘 따뜻하게 내리쬐는
햇살로 언제든지 저희 곁에 오셔요

기도

부산의 오륙도에서
고성의 통일전망대까지 이어진
해파랑길
오늘 한섬 해변
그 길 위에 서 있다

어제까지 무섭게 내리던
비는 멈추고 햇살이 비추어
푸르디 푸른 묵호 바다에 드리우고
하늘은 푸른색으로 반짝인다

해송 사이로 내려다보이는 바다는
은빛 물비늘에 출렁이고 있는데
내 지난 삶의 상처가 기도가 되어
지금까지 살아 온 두 다리에
새로운 힘이 생긴다

갯벌

바닷물이 빠져나간 고요한 갯벌
맨살을 그대로 드러내 놓으니
바닷속 주름진 살은 서럽게 곱고

숨 고르고 살아온 여인의 삶같이
검은 대지 그 위에
눈부신 빛살이 내리 꽂히고
생명들이 구멍구멍 모습을 드러내면

갯벌은 아득한 깊이로
푸른 파도 밑에 살아 있었다
파도만 즐기고 간 사람을 비웃듯이

짧은 만남

눈부신 가을 햇살아래
어긋난 시간 속으로 간
짧은 만남

따가운 햇살이
땅바닥에 내리 꽂히고
이별의 파편이 되어
소리 없이 스러진다

잎과 꽃이 만날 수 없는
상사화처럼
다시는 만날 수 없지만
세월이 흐를수록 커지는
그리움

석촌 호수

도심 속 수면은 고요하고
빠알간 단풍이 터널을 이룬다
단풍 하나 호수 위에 내려 앉는데
갈대도 조용히 바람에 흔들린다

따가운 오후의 햇살아래
불어오는 호수 바람소리 들으며
하얀 깃털 사이로 머리를 묻고
낮잠 자고 있는 오리떼

어찌 머리를 뒤로 하고 잠들었을까
오던 길 뒤돌아보란 말인가
한 생애 돌아보면 어디서부터
잘못된 것인지 알 수 없다

호수 끝자락 가을은 깊어가는데

전화벨은 울리지 않고

이제 더 이상
전화벨은 울리지 않는다

성가대에 앉으면
몇 번을 울리다
몇 번을 울리다
끊어지는 벨소리
애타는 마음으로 쳐다보았는데

엄마는 그 시간이
제일 한가한
시간이었을 거야
영원히 들을 수 없는
나를 찾는 간절한 소리

이제는
아무리 기다려도
벨은 울리지 않는다
외로운 나는
다시 오지 못할
먼 길을
엄마 그리며 가고 있다

아침 바다

아침바다는 고요하다

밤사이 칠흑같은 어둠을 먹고
아침에 불현듯 찾아온 나에게
한없는 잔잔함을 내 놓는다

앞만 보고 달려온 삶
혼자 껴안은 고독이 물 위에
고요히 펼쳐진다

이제
손가락 사이로 빠져나가는
모래 같은 운명 앞에
떨지 말고
바다에 풀어 헤쳐야겠다

아침바다는 고요하다

열정

한 사람을
사랑한다는 것은
가슴에 마르지 않는
열정의 분수가 있는 것

진한 그리움에
밤을 지새울 수 있고
내 한숨에
너의 그리움을 묻는 것

한 사람을
사랑한다는 것은
가진 것 모두 다 주고
마음으로 쳐다보는 것

나의 생애에
한 번 태울 수 있는
오직
너에게로 향하는 불꽃

그리스에 가면

신전을 가기 위해 탄 버스
옆길은 바다가 있고
물속에 헤엄치는 사람
자세히 보니
머리가 하얀 노부부

굽어진 산길과 에메랄드빛 바다
전라의 노부부가 물꽃인양 반짝이고
서로를 바라보는 사이로
햇살이 따사로이 비추인다

날아오르는 비눗방울을 보듯
아름다움에 취해 보고 있는데
살기 위해 애썼던 내 모습이 보인다
늘 절박했던 나의 삶

멀리로 지나쳐 버린 일들
외로웠지만 외로운 줄도 몰랐을 어제
가지 않은 길의 고운 빛깔들이
노부부의 모습에 덧칠해진다

지금도
그리스에 가면 그 곳에서
그들은
헤엄치고 있을까?

어둠

소음도 가신지 오래
고요 속에 내리는 칠흑 같은 어둠
빛은 흘러서 어디론가 가버리고
용서하지 못한 일들
어둠에 묻힌다

울 이유도 없는데 눈물은 흐르고
긴 터널 같은 어둠은 오랜 친구처럼
내 곁에 누워 숨 쉰다

어둠은
마술처럼 나를 작게 만들고
모든 것을 감춘다

몰입

마음에 둥지 틀던
온갖 시끄러운 소리 내몰고
오로지
한 가지 생각으로 몰입하면

강물에 햇살 부서지듯
적막함 속에 두려움은 사라지고
내 마음에 반짝이는 빛

믿음 하나 가지고
어딘가에 닿기 위해 걷는 길
고요는 번민의 눈을 덮고
별빛처럼 바꾸어지는 마음

그리고
서서히 치유되는 고통의 조각들
먼 곳으로 나를 데려다 주는
외로운 상념의 시간

1월

눈물은 흐르고
소리 없이 눈이 내리듯
하얀 가슴 무너져 내린다

눈꽃에 산도 얼고
1월의 선산에는
매서운 칼바람이 불어온다

그리운 엄마 보내고
폐가 앞에 서 있는 듯
마음 둘 곳 없는데

무심코 밤나무 쳐다보니
하얀 소복 가지마다 입고
애처로이 서 있다

이제 1월은 막 시작 했는데

2부

나도 물들고 싶다

베란다 안에
눈부신 햇살이 찾아와
마법같이 꽃들이
색색으로 물들었다

나도 모르게
커피 한 잔 들고
환한 색의 울렁거림에
빠져든다

추운 겨울
이렇게 준비 하면서
나에게 비밀로 했나?

이 봄에
아름다운 생명으로
다시 태어나
나도 물들고 싶다

변산바람꽃

바람이 났나 보다, 지금
봄바람이 불어오면
제일 먼저 생각나는 너

불어오는 바람에 떠밀려
정신없이 오른 수리산
너를 오롯이 피워내는 곳

계곡 얼음 밑으로
흐르는 물 옆에서
가녀린
꽃대를 밀어 올린 너

찬바람에 흔들리고
추위에 떨면서
꽁꽁 언 땅위에 서 있는 나

3월의 햇살은
얼음 위에서 너를 깨운다
바람난 나를 맞으라고

고백하고 싶은 날

장대비가 내리는 날
고백하고 싶은 날

차가운 비가 창에 부딪쳐
크게 울고 있는데

실내는 조용한 적막으로
오히려 차분하다

죽어서 별이 된 사람
죽어서 꽃이 된 사람

입속에 맴돌다 삼킨 말
보고 싶다, 보고 싶다

장대비가 내리는 날
고백하고 싶은 날

꽃밭

바닷바람이 세차게 부는
장독대가 있는 강화도 꽃밭
고양이 다섯 마리가
따스한 봄볕에 활처럼 휘어 잠자고

노오란 복수초
봄바람에 입맞추고
깊은 잠에 있던 것들 깨우면
장독대 뚜껑도 덩달아 춤을 춘다

길 위의 낙엽

이른 9월, 성미 급한
나뭇잎들 벌써 떨어져
낙엽 되어 뒹굴고
자동차 꽁무니를 따라 같이 달린다

바람 따라 뒹구는 모습
접었던 외로움 불러오고
흔들리는 나침반처럼
갈피를 못 잡는 내 마음 같다

무엇이 급했을까
자동차 바퀴에
붙었다 다시 날리고
몇 안 되는 것들 더 쓸쓸해 보인다

그리운 사람을 반기듯
낙엽들 들어오라고
활짝 창문을 열었다
창문으로 들어오는 것은 바람뿐

바람은 노래가 되어 흐른다

꽃비

꽃이라고 말하지 말자
비라고 해야지

아름다움 뒤로하고
허공 속 훨훨 자유롭게 날아서
피어서 멈춘 시간보다
더 멋지고 화려하게 나풀거린다

비에 젖은 몸으로
지상에 머무르고 싶어
하나 둘 향기 버리고 내려오네

비라고 말하지 말자
꽃이라고 해야지
빗줄기 타고 내려와 다시 핀 꽃

트레비 분수 앞에서

가끔은 영화에 나온
장소를 찾아가
영화 속 주인공이 되고 싶다

트레비 분수 앞에서
오드리 헵번처럼
맑고 환하게 웃으며
두 팔을 벌려 본다

이 분수를 등지고 서서
동전을 한 번 던지면 로마에 다시 오고
두 번 던지면 연인과 이루어진다 하여
나는 한 번 던지고
딸은 두 번 던진다

영화같은 인생이
우리 앞에 펼쳐지길 바라며
서로 바라보고 허리를 접고 웃는다
슬픈 주인공은 그만하고 싶어서

나무

청명한 날
나무 밑에 앉아 있으면
나뭇잎 춤추는 소리가
사랑의 울림으로 들려온다

푸르른 가을 날
시름 지쳐 산에 오르면
서서히 빛바래 가는 모습
화폭에 그려진 그림 같다

나무는
어리석은 마음, 오만한 마음
욕심도 덜어내어 맑게 만드는
힘을 지녔다

홀로 나무 밑에 앉아보자
나뭇잎 부딪히는 소리가
살아있는 생명의 소리로 들린다

오월

싱그런 초록의 대화가
바람 부는 풀밭처럼 일렁인다

지난 밤 봄비에
잎들은 초록이 짙어지고

오월이면 찾아오는
가슴 아린 날

나만 애 태우며 쌓아 놓은
마음에 담긴 무거운 돌

바람 부는 풀밭에 돌
가만히 내려놓는다

나만의 섬

가슴에 간직한 나만의 섬
미지의 섬을 향하여
지상에서 끝없는 방황을 한다

하늘 한 번 쳐다볼 여유 없이
내가 바라는 것이 무엇인지도 모른 체
끝없는 경쟁 속의 나

내가 쉴 수 있는 작은 곳
그 섬에 닿을 수 있을까
오늘도 그 섬을 찾는다

저 멀리 숨어 보이지 않아도
채워지지 않는 빈 가슴 안고
떠도는 섬을 향해 간다

민들레

그렇게 낮은 자리에 있었구나
흐드러진 작약의 탐스러움에 취해
온통 출렁이는 초록잎 물결에 흔들려
네가 거기에 있는 줄 몰랐다

하얀 솜털 날리며 존재를 알릴 때
너무 반가워 입으로 불어 버렸지
물어 볼 겨를도 없이
바람에 날려 어디론가 가 버렸네

아
그렇게 가벼우면 얼마나 좋을까?
세월 속에 끼인 상처도
가슴 깊은 곳에 숨어 있던 비애도

민들레 꽃씨처럼 가벼워 질 수 있다면
둥둥 먼 곳으로 날아가
돌아오지 않으면 좋겠다
네가 거기에 있는 줄 몰랐다

벚꽃길

몇 백년 지난
신쥬쿠 교엔 벚꽃나무
늘어진 가지들
땅에 대고 겸손하게 반긴다

안개같이 내리는
실비를 맞으며
가지에 붙어있던
여린 잎들이 소리 없이
땅에 떨어진다

심술궂은 바람 한 번 휙 부니
소녀의 속살같이 고운
만개한 벚꽃이 눈 내리듯 날려
꽃길을 만들어 준다

천년 세월을 지나
꽃은 피었다 지는데
내가 한국에서 온지 모르는 듯
가지에 매달려 환하게 웃는다

벚꽃이 무슨 죄가 있으랴

선택

데이빗 소로우가 살던
호숫가 근처에
집 하나 짓고
살고 싶다

비 오면 호수에
떨어지는 빗소리
들으며

밤이 되면 적막 속에
밤하늘 별을 세며

혼자여도 좋고
둘이여도 좋다

젊어서는 하나를 쥐면
하나를 놓아야
하는 걸 몰랐다

이 나이 먹고
깨달은 사실

쥐고 있는 것
다 내려 놓고

호숫가 근처에
집 하나 짓고
살고 싶다

유채꽃 흔들릴 때

바람이 세차게 불면
한 무더기씩 기울어지는 유채꽃
제 몸무게를 이기지 못한 채
휘청거리며 옆으로 눕는다
아무리 꺾일 듯 누워있다가도
다시 곧게 일어선다
휘청거리지 않는 삶이 어디 있을까
폭풍처럼 몰아치는 시련
땅바닥까지 내리 꽂힌 사연 속에서
다시 일어서는 게 삶이지
부는 바람 소리에
유채꽃은 일어선다

상처

내 안에 으깨진 상처를
아무도 모르게
종이배에 올려
흐르는 물에 띄우고 싶다

흐르는 물 따라
이리저리 떠돌다가
어느 한적한 곳에서
흔적 없이 조각나 버렸으면 좋겠다

깊은 상처는 머물수록
더 큰 멍울을 만들기에
하나, 둘
가끔은 무더기로 떠나보내자

미처 떠나보내지 못한
또 다른 상처는
내 안에 새로운 고백이 되어
소리 없이 아문다

미워하는 마음

누군가를 미워하는 것은
내 손에 얼음을 쥐고 있듯
시린 일이다

햇살 가득한 베란다에
죽은 줄 알고 버려두었던
화분에서 새싹이 움트고 있다

작은 새싹을 보니
덜컹하면서 드는
속죄의 감정

한 발자국만 뒤로 물러서면
다시 보이는데
미워하느라
새싹을 못보고 살았다

시 한 줄 쓰려고

폭우 속에 도착한 횡성
불어난 물길도 시에 묻고
밤새 내리는 빗소리도 시에 묻고
내면의 소리를 듣는 시간

시가 좋아 시우들과 온 길
순전한 나만의 공간
한 차례의 담금질 시간
무엇을 써야 할까?

개울물은 계속 불어나
이것저것 뒤엉켜서
황토색으로 화내고 있다

장마 비 다독이며
황토색 개울물 달래며
시 한 줄 쓰려고
기도하는 마음으로 비를 본다

장마

장대 같이 내리는 비에
에버랜드 축제는 시작되고
비에 젖을까봐
우산을 들고 움츠린 마음

멈추지 않는 굵은 빗줄기에
우산은 접어 버리고
마음도 접어 버리고
온몸을 비에 맡긴다

나 혼자 밖에 서성이던
절망의 시간이 빗물따라
뿌리 뽑힌 나무처럼
저 멀리 떠내려간다

비에 흠뻑 젖으니
세상을 이긴 것 같은
통쾌함에 방향도 잊고
빗속을 질주한다

뭉게구름

하늘 위 아득한 공간
뭉게구름이 눈처럼 곱다

창문을 열고 발을 내밀어
구름 위를 사뿐히 걸어 볼까?

창공을 새처럼 날아올랐는데
그 위에 계속 펼쳐지는 끝없는 구름

나지막이 감탄한다

눈부신 빛살로 반기는
하늘 위에 펼쳐진 환희의 무대

맑고 깨끗한 흰 구름
잠깐이라도 좋으니
고립되어 구름 위를 걷고 싶다

3부

시월

호수에 하늘이 잠겼다
단풍이 곱게 물든 산도 잠겼다
하늘과 산이 드리운 호수위로
오랜 그리움이 떠오른다

비단 잉어 한 마리가
잠긴 하늘을 보고 신기한 듯
호수에 떨어진 하얀 구름에
올라 타 보려고 애쓴다

무심하게 내리 꽂히는 가을 햇살은
열 달 동안 곱게 접어 견뎌온
기억의 시간을 꺼내어
꼭 울게 만든다

눈부신 푸른 하늘도
붉게 물들어 길게 누운 산도
호수에 잠겨 내 마음을 휘젓는다
끝내 나만 울려 놓고
시월은 저 혼자 가고 있다

탈관

관 속 꽃 위에서
삼베에 쌓인 어머니가
노오란 세 줄 끈에 의지해
천천히 올라오신다

미리 준비해 놓은
땅 속 아버지 옆 자리로
말없이 끈 따라 내려가신다
허망한 삶의 정거장에서 내려

성한 한쪽 몸으로
마비된 반쪽을 지켜온 사십 년
가시기 전날 돌아누우실 때에
반쪽은 따라 오지 못하더니

흰 국화꽃 잎잎이 뿌려지고
그 사이로 햇살이 따라 들어간다
어머니 위로 뿌려진 꽃잎이
가늠할 수 없는 슬픔과 함께 묻힌다

아버지가 기다리고 계시는 곳
어머니는 아버지 옆에
관마저 버리고 나란히 누우셨다
한 마리 나비가 날아오른다

그리운 아버지

어머니의 사랑은
눈앞에서 느낄 수 있다
한 겨울 시골 집 화롯불처럼

아버지의 사랑은
세월이 흐를수록 울림으로 온다
깊은 우물물이 겨울에 따스한 것처럼

시간이 흐를수록 가슴은 더 먹먹하다

아버지 가시고
그 세월을 내가 살며 견딜 때
그때는 몰랐던
아버지의 비애를 느낀다

하늘이 유난히 맑은
아버지 가신 서러운 시월
아버지의 향기가
끝없이 바람에 실려 온다

물확

정갈한 고인 물 위로
하늘이 지나간다

넓은 하늘 소리 없이 내려와
물확 속에 잠긴다

바람 부니
나뭇잎 물 위에 떨어지고

물확 속에 잠긴 하늘 위로
얹혀져 고요하다

와르르
쏟아지는 가을볕에

근심 한 자락 내려놓는데
산사의 오후는 멈추었다

섭지 코지에서

바다로 비죽이
튀어나온 기암괴석
그 위에 세워진 하얀 등대
까만 밤 걸어 갈 길을 응원한다

무엇이 그리 급한지
1월에 마중 나온 유채꽃
하늘거리는 모습에
빈 가슴 기대고 울고 싶어진다

언덕 위에서
내려다보이는 푸른 바다
은빛 파도의 포말에
탄성을 지르는 사람들

저마다
힘겹게
힘겹게 올라와
이곳에서
쉼표 하나 찍고 간다

바람에 흔들리는 것은

나무만
바람에 흔들리는 것은 아니다
숨어있는 사랑이
바람에 흔들리고 있다

세찬 바람이 불 때
흔들리고 서 있는 것은
사랑이 그리워서인가
바람은 그 사랑도 흔들고 간다

어긋난 만남이었다
지금은
구름 한 점 없는 하늘에서
밝은 별이 되어 있지만

이 가을
바람에 흔들리는 것은
짧은 사랑의 기억 속에
나를 피워 올리는 일이다

율동 공원에서

시월이 간다
소리도 없이 와서
거리마다 온통
탄성을 지르게 하더니

율동 공원도
시월을 보내기 아쉬운 듯
호수 한 가득
단풍을 들여 놓았다

눈이 부시게 푸른 하늘에
새 한 마리
호수 속
하얀 비단 잉어를 만나고

늘 채워지지 않는
빈 가슴은 그대로인데
호수는 단풍 가득 채우고
시월의 절정에 머문다

이 태풍 지나면

태풍 부는 날
바람과 맞서 걷고 있으면

내 앞을 막아섰던 거센 비바람
그와 맞서 헤쳐 온 긴 세월

눈을 감아도 빗물 따라
눈물이 흘러내린다

태풍 속을 걸어온 지난날
까마득한 추억 속 아픔이지만

이 태풍 지나고 나면
고이 간직한 그리움
하늘에 닿겠지요

지하철

사람 없는 빈 지하철
시집 한 권 들고
오이도까지 갈거나 말거나

하늘에 떠 있는 달은
계속 따라오고 있다
혼자 있고 싶은데

고단한 삶 속에서
길 위에 버리지 못해
안고 탄 생각들

빈 지하철에서
버거운 것들 다
지하철 밖에 버린다

지하철 안은 내 공간
따라오는 달빛에 취해
이제
어디까지 갈거나

은행나무

빈 가지 사이로
청명한 가을하늘 드러나고
무성한 잎으로 볼 수 없었던 모습
찬란한 하늘이 언뜻언뜻 보인다

빛나던 잎들 떨구어 보내고
비울 때 보이는 공간
멋진 여백이 침묵으로
고요하게 내려다본다

잎새 사이로 드러난 푸른 창공
빈 손 들고 하늘 향한 가지의 염원
꽉 찬 잎들만 아름다운 것은 아니다
비우고 들리는 창공의 비명소리

모두 다 잊고

마지막 남은 달력
이제 뒷장이 없는 것은
이것이 마지막 이라는 것

모두 다 잊고
한 해를 보내주어야지
잊는다는 것은
무엇인가를 놓는 것

나뭇가지와 이별한
조락의 무리들 고요하고
찬바람 빈 마음 속에
들어왔다 이내 가버린다

흔들리지 않으려고
흔들리지 않으려고
뿌리 깊은 나무 붙잡고
온몸으로 울던 시간들

무성한 나뭇잎
다 버린 빈가지 보며
모두 다 잊고
한 해를 보내주어야지

눈 내리는 날

소리도 없이 눈이 내린다
마른 나뭇가지에 신비로운
설경이 그려지고
천지가 환하게 눈부신데
고요하게 내려앉는 눈 사이로
만날 수 없는 이가
사무치게 그리워진다
그리움이 눈을 따라 소리도 없이
내려왔나 보다

창밖으로 보이는 작은 산과
이어진 공원이 적막 속에 잠기고
눈은 하염없이 계속 내린다
밖으로 나와 소복하게 쌓인 눈을
밟아 본다
뽀드득 뽀드득
눈 따라 내려온 그리움이 소리를 지르며
내 가슴에 박힌다

하늘에서 눈이 내리는지
땅에서 눈이 하늘로 올라가는지
눈은 하얗게 쌓여간다

눈이 점점 쌓여 하늘에 닿으면 어쩌나

그대 멀리 보내고

그대 멀리 보내고
나의 가을은
그냥 있어도
눈물이 후두둑 떨어집니다

사력을 다해 남긴 한마디
내 가슴에 재를 남기고
시간은 멈추었습니다

그대와의 인연은
담쟁이넝쿨이 어우러지듯이
마음 밖으로
나가지 못하는 것인가 봅니다

고단한 등을
서로에게 보일 시간도 없이

그대 빠져 나간 가을은
허허로운 빈 들판입니다

석양

바람은 차고
소리 없이 흔들리는
갈대 뒤로
빨간 석양이 물들어 간다

산을 넘어가는 석양이
못내 아쉬운 듯
산 위에 걸려
안간힘을 쓰느라 붉기만 한데

두 물이 서로 만나
어우러진 물결도 숨죽이고
진한 포옹으로
하루를 마무리 하고 있다

작게 살고 싶은 나
발걸음 멈추고
현란한 물비늘에 취해
석양 속으로 기울고 있다

비 내리는 창가에서

이글거리는 태양을 밀어내고
초여름 빗방울이
떨어지고 있다

더위에 지친 잎잎이
물을 머금고
물기 매단
초록은 싱그럽다

풀리지 않았던 생각이
가슴 속으로 물처럼 흘러가며
창가에 서 있는
어린 소나무에게 말을 건다

하루 만에
마른 땅은 촉촉하게 젖고
나는 얼마나 작고
왜소한지 알게 되었다

게발 선인장

크리스마스가 다가오면
베란다에서 꽃 피우는
별 모양의 게발 선인장

밖의 기온은 차가운 영하
베란다는 따스한 온실
선물처럼 활짝 펴
내게 온 한 다발 꽃

유리창 하나 사이에 두고
영하와 온실의
두
세계가 숨쉰다

내게도 있는 두 세계
세상 속을 헤매고 있는 나
혼자만의 심연 속의 나

오늘도 어디쯤 가고 있는지

6월의 장미

세월이 흘러도
장미꽃 사이사이로
어김없이 피어나는
하얀 교복 칼라의 그녀

6월이 되면
취한 듯 생각나는 친구
가시를 지닌 장미처럼
속으로 슬픔 지니고
겉으로 웃음 날리던 소녀

햇살 가득한
넝쿨 장미 아래서
순수했던 여중생의
깔깔 웃음

가슴 저편
건져 올린 기억을
장미 향기에 실어
친구에게 보낸다

아무 것도 하지 않아도

커피를 마시며 갖는 멈춤의 시간
쓰디쓰고 뜨거운 것이
목을 타고 흘러내리면

좀 전에 치민 화가
진한 커피향 따라 연기되어 사라진다

커피를 두 손으로 꼭 쥐고
정지된 시간 속에서
줄어드는 커피를 아쉬워한다

생과 사의 일도 아닌 것에
얽힌 실타래 풀듯 온 힘을 빼고
다시 안 볼 것 같은 마음 드는데

흐르는 커피 향기에 취해
그대로 멈추어 있는 이 순간
아무 것도 하지 않아도

뜬구름 커피 잔에 들어와
손을 내민다

할머니의 웃음꽃

노인들이 도란도란 모여 앉은
강원도 동해 북평 5일장
소쿠리마다 가득 담긴 과일
삶을 포개 놓은 푸성귀더미
그 위에 얹는 노인들의 후한 인심

주름진 손등 위에 내린 슬픈 햇살
힘든 세월을 말해 주는 듯
손등 위의 돋은 힘줄은 붉고
허리를 펴고 일어서는데
땅바닥은 다시 할머니를 주저 앉힌다

주름진 얼굴
외면하지 못해 이것저것
주워 담은 검정 봉지
마지막 깻잎 다 팔고
할머니 얼굴에 핀 환한 웃음꽃

솔방울

남이섬에서 주워 온
솔방울 몇 개
거실 장식장 위에 놓았다

물에 흠뻑 씻으니
움츠러든 몸
작고 볼품없더니

제 몸에 있는 수분
다 날아가고 나니
몸이 활짝 열려
꽃이 핀 듯 예쁘다

나도 그렇게 살고 싶다

/ 4부

흐르고 흐르는 것이

강물은 묵묵히 흐른다
시간도 흐르고
강물 위에 햇살도 따라 흐르고
깊은 심연에 쌓인
슬픔도 강물따라 흐른다

하늘 위 구름은 선율타고 흐른다
멈추다가 다시 가고 가다가
다시 멈추는 구름의 유희도
침묵 속에 모든 비애를 감싸 안고
무심히 바람따라 흐른다

내 안의 잿빛 마음도
슬퍼서 흘린 눈물 가득 안고
흐르고 흘러서 강물 속으로 침잠한다
고통도 그대로 멈추는 것은 아니리
엷어지며 물길따라 흐른다

눈 내린 공원

밤사이 내린 눈이 소복하게
쌓여 있다
커다란 소나무 위에도
빠알간 산수유 열매 위에도

어느 머언 곳에서 와서
모든 것을 침묵하게 만들고
햇빛을 더 눈부시게 하고
나무 끝에 매달려 눈물이 된다

모두가 흰 눈에 취했다
소나무 밭에 뛰어든 강아지도
열매를 쪼아 먹고 있던 물까치도
나도 덩달아 강아지처럼 뛴다

살아가면서
인생의 감추고 싶은 부분도 이렇게
흰 눈에 덮여 버렸으면 좋겠다
아픈 상처도 덮고 불안한 내일도 덮고

산수유 먹던 물까치가 놀라
푸드덕 날아오르면서 눈을 뿌린다

바람 부는 날

바람이 내 앞으로 세게 불어온다
앞으로 나아가려니
얼굴이 시려
바람을 등에 이고 걸어본다

등 뒤로 바람이 부니
앞으로 나아가기 가볍고
품속으로 파고드는 바람 없어
편안하다

바람에 맞서며 사는 일
이제
그만 접을까보다

잠재우지도 못하는 바람
내가
등하나 돌리면 이렇게 홀가분한데

내일은
바람을 등 뒤에 두고
바람 부는 대로
어울려 앞으로 가야지

경포대

푸른 하늘만큼 차가운
3월의 경포대
사람 없는 하얀 모래 위에
작고 힘없는 나는
점처럼 서 있었다

아슬아슬하게
지내 온 세월
이게 끝인가 하면 또
툭 던져진 삶의 보따리
두 손으로 차가워진 뺨을 감싼다

혼자 넘어야 할
팔부능선을
왜
여기까지 와서 보았을까
내 쪽으로 밀려오는 파도 속에서

벚꽃 휘날리는 교정에서

하이얀 벚꽃 잎
바람을 타고
이리저리 흩날린다

마치 탱고 춤을 보는 듯
위로 쳐 올리고
아래로 내리 꽂히고

아이가 되어 버린 나는
벚꽃 사이를 뛰어다니며
입으로 꽃잎을 받는다

휘날리는 벚꽃 속에서
글을 읽는 우리와
낭송을 듣는 꽃은 하나가 되어
수업은 진행 중이다

연꽃

고고한 연꽃
다 지고 없는 자리에
쭉쭉 뻗어 있는
까만 연꽃 대

꽃은 지고 없지만
넓은 연잎 위에
맺혀 있는 눈물방울

화려하지 않고
지는 잎에
검버섯 피어 있어도
그대로 고요하다

저 멀리 딱 한 송이
머물고 있는 연꽃
개구리 밥도
연꽃 진자리를 메운다

봄밤

화려한 봄 밤
노천 카페 가로등이
벚꽃을 비추고
꽃송이마다 사연이 길다

촘촘하게 피어 있는
꽃잎사이로
무심하게 서 있는
벚꽃나무 가지들

조명은 벚꽃을
다시 피어나게 하고
눈부신 빛 사이로
황홀한 밤은 깊어간다

지금은 봄의 절정
벚꽃은 밤에 다시
피어나고 나는
눈부신 꿈을 꾼다

뒷모습

앞만 보고 걸어온 시간들
가만히 땅을 보고 걸으며
나의 뒷모습을 그려본다

내 뒷모습에서 순한
사과 냄새가 났으면 좋겠다

매일 걸어가는 길에서 만난 이들이
뒷모습을 보면서 착한 사람이라고
했으면 좋겠다

이팝나무 같이 하얗고 소박한
꽃나무 같았으면 좋겠다

보름 사이

모란의 영광은
서쪽으로 기울고
작약의 서광은
여명에 이른다

무심하게 벌어진
보름 사이의 간극
화려한 모란은 지고
작약은 꽃망울
터트리며 웃는다

지는 꽃이 있기에
피는 꽃도 있구나

바다와 커피

성난 파도
모래사장 앞에서 멈추고
화난 내 마음은
커피 향기에 멈춘다
따뜻한 온기가 멈춤을 말한다

바다는 숱한 이야기가 되고
고통의 기억들은
작은 잔속에 갇혀 버려
커피 향과 아프게 부딪친다

바다를 보며
마시려고 앞에 놓은 잔
커피는 차갑게 식어가고
내 화는 파도에 흔들린다

어느새 썰물이 되어 버린 빈잔

구름

맑고 투명한 가을 하늘은
한 폭의 수채화
구름이 멈춘 눈부신 자리
아련히 피어나는 그리움

바람이 구름을
흩어 놓은 것인가
구름이 바람을
따라가는 것인가

구름따라 솟구치는 그리움
그 곳에 닿을 수 있다면
잠깐 머물 수도 있다면

끝 모를 곳으로 흘러가다가
하늘 위 누구든 만날 수 있는 구름
목마른 그리움 안고
동행하고 싶어 까치발 해 본다

바다

소리 없이 펼쳐진
6월의 묵호 바다

삶의 잡동사니 내려놓고
그리움 안고 달려온 곳

파도는 어디 갔는지
숨을 죽이고 없다

내 마음에 부는
회오리바람 달래주고 있다

모란이 피었던 자리

기품 있는 흰색 모란
겹겹의 꽃잎이 열리자
환한 등을 켠 듯 밝다

봄비가 내리고 난 후
모란의 투명한 꽃잎은
땅 위에 수북하게 쌓이고

겨울 씨앗을 꼭
움켜쥐고 있는 간절함
마지막 흔적을 감춘다

꽃이 진 자리에
차디찬 소멸이
처연하게 아름답다

사모

그립다는 말도 못하고
무덤가에 핀 고사리만
뽑고 왔습니다

보고 싶단 말도 못하고
풀보다 흙이 더 많은
무덤을 안고
흐느끼기만 했습니다

어버이날 해마다 가슴에
꽂아 드리던 카네이션
올 해는 땅 위에 쓸쓸히 놓고

목단처럼 곱고 환하게
웃으시던 어머니
목단은 봄에 다시 피었건만

아,
무덤 앞에 혼자
무릎 꿇고 사무치는 그리움에
흘러가는 구름만 보고 왔습니다

폭우

검은 하늘에서
추락하는 빗줄기
땅바닥에 부서져 흩어진다

방금 전
쨍쨍하게 내리 꽂히던 햇볕
온데간데없이 사라지고
준비 없이 나온 온 몸을 적신다

여기 저기
뛰어 가는 사람들
아랑곳하지 않고 쏟아지는 빗줄기

사정없이 내리친다
나와 하나 되어
힘차게 부딪치는 맑은 영혼의 소리

폭우에 겉만 젖은 것은 아니다
활활 타오르던 집착도 젖고
숨을 고르던 내안의 나도 젖었다

비와 하나 되어 만나는 소리
손에 쥔 덤불덩어리
젖은 채로 뒹굴고 떠내려간다

추억

추억은
기억되는 환상

강요당한 어제는
침묵의 세상이 되고

오늘은
비같이 어둠이 내리는데

어제처럼
내일의 추억을
만들고 있다

추억은
내 안에서 죽고
또 다시 피어난다

카페

바람에 꽃잎이 달리고
심장이 물결위에서 반짝이는 곳에
서양화처럼 서 있는 카페

차를 타고 몇 시간쯤 가서
뜻도 모르는 외국어 앞에 도착하면
입구를 찾기 힘든 미로가 나온다

멈춤이 없는 사람들이 움직이고
대열에 소리 없이 끼어 가다가
방향을 잃고 허공을 보았다

에스프레소 잔에서 연기는 피어오르고
성 같은 카페는 초록이 물들었는데
군상 속에 나는 티끌처럼 초라하다

단풍잎

정갈한 상 위에
얹힌 단풍잎 하나
붉은 단풍잎 한 장이
나비처럼 살포시 내려 앉았다

나무에서 떨어질 때
흙으로 돌아갈 줄 알았지만
과일 위로 날아 온 단풍잎은
꽃으로 환하게 피어났다

어디로 흘러갈지 모르는
인생
단풍잎처럼 새롭게 피어나고 싶다
다시 꽃향기 피우고 싶다

길 위에서

해가 이글이글 타 오른다
빌딩과 빌딩 사이로
열기가 달아오른다

정수리 위에서 음악이 흐르고
햇볕은 뜨겁게 내려 쌓이는데
길 위에서 삶처럼 더운
여름을 만났다

하얀 김이 피어오르는
한여름 정오길
무심한 햇빛이 폭포처럼 내리고
한 발자국 내 딛기가 무섭다
나는 길을 잃었다

내가 여기에 있는 줄도 모르고

햇살 부서지는
웅장한 송림
숨어 살다 간 고려 선비는
어디에도 없는데
바람은 세찬 파도를 일으킨다

옥 같은 바닷물 속에도 세월은 가고
유한의 시간 속에
반복되어 가는 삶의 소리들
무한의 시간 속에
남아 있는 자연의 소리들

하조대에서 넓은 바다를 보니
가슴에 그림자 잡고 있던 사연
부서지는 파도따라
저만치 사위어 가고 있다

내가 여기에 있는 줄도 모르고

박복선의 시집에 관하여

박동규 시평

사물에 투영된 자아와
날고 싶어 하는 존재의 꿈

박복선의 시집에 관하여

사물에 투영된 자아와
날고 싶어 하는 존재의 꿈

박동규 (서울대 명예교수, 문학평론가)

　　박복선 시인은 2022년도 시 전문지 『심상』에서 등단했다. 그가 첫 시집을 출간하러 시편들을 보내왔다. 박 시인은 품성이 반듯하고 누구에게나 호감을 주는 인상이다. 그가 시인이 되기 전 산문 공부를 했다는 말을 들은 적이 있다. 이 공부에 관한 말보다도 박복선 시인과 만나며 느낀 것은 그가 문학소녀의 시절을 겪었지 않나 하는 느낌이었다. 이 문학소녀적이라는 말은 소녀 시절의 청순함이 감성적 영역의 정서에 아직 남아 있어 시에 서정적 청순함이 많이 담겨 있다는 뜻이기도 하다. 이런 이유인지 그의 시편들이 가진 보편적 특성은 맑고 밝은 세계와 그의 감성적 감각에서 우러나온 삶에 대한 서정적 감성들이 주를 이루고 있다. 그러기에 그의 시편은 '울고 싶은 날 너를 붙들고 위로'를 받았다는 정직한 고백처럼 자아라는 존재가 처한 상황과 이를 벗어나려는 심정적 지향이 그의 시에서 서정성을 주조로 하게 된 것으로 보인다. 또 한편으로 그의 시편들이 혈연과의 연결고리에서 느끼는 서정적 자아에 관한 시인의 감각적 자각이 외로움과 같은 정서를 바탕으로 마음의 세계를 그려내고 또 자연과의 교합에서 찾아낸 또 다른 존재의 현상적 형태와 접합해 드러내고 있다. 이번 첫 시집은 이와 같은 특징들을 중심으로 작품 해독을 하며 박 시인의 시편들을 살펴보려 한다.

1. 존재의 외로움과 혈연의 끈끈한 사랑

박복선 시인은 인간이라는 존재의 바탕에 '홀로'라는 자아의 의미를 강력하게 드러내 보여준다. 그가 사물과의 대면을 통해서 시적 소재로 선택하는 시각의 하나는 바로 그와의 심정적 상관성이다. 그의 시에서 인간이나 자연과의 대면이나 교섭을 통해 얻은 마음의 세계를 위로나 공감 등의 감성적 동질성으로 그의 살아가는 삶의 내용과 연관하여 마치 산문을 써내려가듯이 시편의 구조를 드러내는 경우를 많이 볼 수 있다. 그중에서도 외로움의 본질이 되는 '고독한 자아'를 형상화하여 그가 지닌 삶의 그늘에 가려진 슬픔 등을 고백하고 있다. 다음의 시를 보자.

가끔은
동경과 기대를 안고
아무도 모르는 머언 곳
누구도 아는 이 없는 곳에서
혼자 있고 싶을 때가 있다

스위스 코티지 역 근처
영국의 한 도시에서, 나는
내 영혼 속에 있는

이 갈망을 채우며
작은 카페에 앉아 있다

창밖에는 2월의 찬바람이 불고
젊은 여자가 플라스틱 통 속의
과일을 먹으며 걷고 있다
마치 나무 사이를 지나는 바람처럼

먼 곳에 혼자 있으면
고여 있는 마음의 물길이 열리고
고통의 색깔이 옅어진다
누구도 아는 이 없는 곳에서
자유로워지고 싶다

– 「먼 곳에서의 자유로움」 전문 –

    이 시는 먼 이국땅에서 홀로 카페에 앉아 그려보는 자유로움에 관한 내용을 담고 있다. 화자는 먼저 '혼자 있고 싶을 때'를 욕망하고 있다. 이는 무리 중에서 부대끼며 살아간다는 것에서 시인은 고통을 느끼고 있다. 이는 혼자라는 존재가 가지게 되는 압박을 어떻게 헤쳐 나가야 하는가에 대한 심정적 회의감을 가지고 있다. 스위스 코티지 역 근처나 영국의 한 도시에서 어느 카페에 우연히 앉아 있어보면 '내 영혼 속에 있는' 홀로라는 존재를 만나게 된다. 이는 나무 사이를 지나는 바람처럼 지나가는 것이지만 '고여 있는 마음의 물길이 열리고' '누구도 아는 이 없는 곳에' 던져져 있다는 자각이 '나'를 떠올리게 하고 자유로워지고 싶어 하는 갈망을 마음속 깊은 곳에서 끄집어내게 한다. 그리고 이 갈망은 일상적인 삶의 행태에서 내면에 상처처럼 자리하고 있는 고통임을 알려준다. 즉 찬바람이 부는 거리를 젊은 여인이 자유롭게 플라스틱에 든 과일을 먹고 가는 것을 보면서 그 천연한 자유로움이 그가 간직하고 있었던 욕망임을 깨닫는다. 그리고 이러한 갈구하는 마음이 고통의 색깔을 엷게 하는 치유가 되고 있다. 그러면서도 그의 자유로움에 대한 지향은 평범한 삶의 주변에 놓인 감성적 자연스러움의 또 하나의 실제임을 고백한다. 이처럼 박 시인에게 있어서는 철학적 의미의 논리적 갈등이 주는 고통보다도 일상에서 느끼는 감각적 충동이 그를 안쓰럽게 만드는 요인임을 보여준다. 다음의 시를 보자.

내 마음에 큰
창 하나 내고 싶다

푸른 하늘 마음껏 보고
풀 냄새 맡으며
새도 쉬어가게 하고 싶다

가끔은
접힌 날개를 펴고
비상하고 싶다

재가 된 하얀 마음
날려 보내고
슬픈 시 하나 들이고 싶다

- 「내 마음의 창」 전문 -

  박 시인이 자신을 '나'로 호칭하며 형상화한 시편들을 찾아보기는 드물다. 이런 그의 시작의 성향을 고려하면 「내 마음의 창」은 정직하게 그의 마음속을 드러내고 있다고 보여진다. 이 시에서 '나'는 평범한 삶의 굴레에 둘러싸여 살아가는 사람들 중 하나이다. 그러기에 그는 살아가면서 겪게 되는 생활 속 감정적 고통과 인간관계에서 오는 마찰과 같은 갈등을 풀어가기 위해서 어디에 호소도 해보고 싶고 아니면 이런 갈등에서 탈출하고 싶어 한다. 시인은 이런 욕구들을 '시'라는 형식을 통해서 형상화한다. 이런 관점에서 이 시는 아주 단순한 소재적 특성을 가지고 있다. '나'는 창을 하나 내고 싶다고 한다. 이 창은 세상과의 소통을 의미할 수도 있지만 그보다는 그의 심정을 열어 안과 밖이 소통될 수 있는 장치를 가지고 싶다는 뜻에 가깝다. 속으로 안고 살아야 하는 말 못할 사연들이나 그만이 가진 심정적 갈등을 창을 통해서 풀어놓고 소통하고 싶은 욕망이 있다는 것이다. 그리고 이 내면의 욕망은 '푸른 하늘'처럼 넓고 맑은 광활한 공간 속에 던져 넣고 자유롭게 엉키지 않고 살고 싶어 하는 것이다. 이 안식은 '새도 쉬어'가는 평안함을 지닌 것이 된다. 그가 살면서 속 태운 것들이 하얀 재가 되어 이 재조차도 날려 보내고 싶다는 뜻이 담겨 있다. 결국 그는 '슬픈 시'라는 고백의 언어를 시로 형상화하여 이를 극복하고 싶어 한다. 이러한 그의 심정적 소멸감은 그가 상처라는 말로 표현하는 과거 삶의 흔적을 꽃송이 하나의 낙화에서 찾기도 한다. 다음 시를 보자.

    해남 땅 끝 마을
    물살을 헤치고
    들어 간 보길도

    바람은 세차게 부는데
    붉은 동백꽃이
    툭,
    툭,
    툭,
    떨어진다

    내 가슴도 쿵
    소리가 난다

    땅바닥에
    흩어진 동백꽃 모아
    아홉 송이로
    얼굴을 그렸다

그 속에
사랑하는 이의 얼굴이
붉게 물들어 있다

- 「보길도」 전문 -

   땅 끝 마을에서 보길도를 찾았을 때 붉은 동백꽃이 뚝 뚝 떨어지는 것을 화자는 보고 있다. 땅에 떨어진 동백꽃 아홉 송이를 모아 하나의 얼굴을 그려 보여준다. 이 떨어진 동백꽃으로 그려낸 얼굴은 '하늘로 간 사랑하는 이의 얼굴'이 되었다. 아무리 지우려 해도 지워지지 않는 사랑하는 이의 얼굴이 떨어진 꽃으로 환생하는 것이다. 이는 어쩔 수 없이 사랑하는 이를 보내고도 남아 있는 흔적의 재연이면서 동백꽃이 보여주는 허망한 낙화의 아픔을 새롭게 해독하여 시인의 가슴을 울리고 있는 애달픈 사연을 구상적 형태로 드러내고 있다. 이 시가 주는 아련한 추억의 끝에 담겨진 가슴 울리는 슬픔을 동백꽃으로 그려낸 것은 참으로 생생한 환생인 동시에 떠나보내고도 잊지 못하는 이의 애틋한 사랑을 시상으로 창조해낸 것이라 할 것이다. 그러면서 안타까운 것은 낙화로 만든 형상은 현재적 시각에서 그가 느끼는 외로움의 실체인 동시에 시인이 품고 있는 사랑의 상실이 주는 허무감이기도 하다.

2. 자연과 나의 혼유적 세계

   박복선 시인의 시에는 자연과 자아의 융화적(融和的) 양상이 드러나 보이는 시편들이 있다. 마치 서정시의 특징인 대상과 자아의 동일성에 따른 방식으로 자연에 동화하거나 투사한 방식으로 시의 형상을 가지게 하는 경우이다. 다음의 시를 보자.

눈물은 흐르고
소리 없이 눈이 내리듯
하얀 가슴 무너져 내린다

눈꽃에 산도 얼고
1월의 선산에는
매서운 칼바람이 불어온다

그리운 엄마 보내고
폐가 앞에 서 있는 듯
마음 둘 곳 없는데

무심코 밤나무 쳐다보니
하얀 소복 가지마다 입고
애처로이 서 있다

이제 1월은 막 시작 했는데

-「1월」 전문 -

이 시는 일월의 정경을 그린 시이다. 이 시에서 눈이 내려 밤나무 가지에 얹혀진 눈으로부터 떠올린 것이 하얀 소복이다. 시인이 바라본 것은 눈이 와서 풍성해진 풍요로운 풍경이 아니라 눈이 내리는 풍경이다. 이 풍경은 정물적(靜物的)인 것이 아니라 마치 살아있는 것처럼 유동적인 것이다. 이 유동성은 하얀 마음이 무너져 내리고 일월의 선산에 눈꽃이 피어나게 하고 산도 얼게 한다. 이 유동성은 시인이 항상 가슴에 품고 살아오는 동안 그대로 살아있는 마음 속 사연 같은 것이다. 따라서 눈 속 한가운데서 '폐가 앞에 서 있는 듯 마음 둘 곳 없는데' 무심코 바라본 밤나무 가지마다 하얀 소복을 입고 있는 것처럼 보인다고 고백하고 있다. 이 시에서 화자인 나는 '엄마 보내고' 마음 둘 곳 없는데 새해를 맞게 될 때 일월이라는 신년이 축복된 시간인데도 나는 홀로 눈 내린 어머니가 묻힌 선산을 둘러보고 마음 아파하고 있는 것이다. 이 마음의 한 반영체로 하얀 소복으로 단장한 밤나무 가지가 등장한다. 그리고 애처롭게 서있는 자연과 자아와의 혼유에서 동일성을 추구하기보다는 자연의 풍경에서 얻는 한 표현의 양상을 슬픔의 한 조각으로 드러내는 점이 특이하다. 그의 시에서 '이제 1월은 막 시작 했는데' 슬픔을 새해에도 지고 가야하는가 하는 물음은 슬픔의 짐을 지고 새해를 맞아야 하는 뜻보다는 눈송이와 소복의 연상이 그에게는 살아있는 고통임을 밝히는 것이다. 눈송이와 소복과의 사이의 거리를 없애버릴 수 있겠는가 하는 고민을 하소연 하는 것일 수 있을 것이다. 어찌 보면 소복을 벗어나고 싶어 하는 것인지도 모른다. 그러면서 일월에 나와 눈송이와의 조우는 '함께'하면서 슬픔을 벗어날 수 없는 시인의 깊은 속마음을 드러내 보여주고 있다. 다음의 시를 보자.

청명한 날
나무 밑에 앉아 있으면
나뭇잎 춤추는 소리가
사랑의 울림으로 들려온다

푸르른 가을 날
시름 지쳐 산에 오르면
서서히 빛바래 가는 모습
화폭에 그려진 그림 같다

나무는
어리석은 마음, 오만한 마음
욕심도 덜어내어 맑게 만드는
힘을 지녔다

홀로 나무 밑에 앉아보자
나뭇잎 부딪히는 소리가
살아있는 생명의 소리로 들린다

- 「나무」 전문 -

 이 시는 인간의 오만하고 어리석음 등 악한 속성을 덜어내고 참다운 인간다움을 추구하는 주제를 가지고 있다. 그런데 이 시에서 시인은 어떤 나무를 닮아야 한다 혹은 어떤 나무처럼 되고 싶다와 같은 서정적 자아를 그려내고 있지는 않다. 그의 시적 기법을 자연과의 혼합이라는 언어로 보여주며 자연을 대상으로 그 자연이 감추고 있는 속성을 창출해 내는 것으로 그의 관념적 개념을 시에 그대로 투사(投射)하고 있다. 이 투사는 나의 분신이나 나의 본질과는 다르다. 그가 발견한 나무의 의미적 가치를 서정적 묘사의 방식을 빌어 나무가 발설하게 한다. 실체로 살아있는 생명의 소리를 어리석은 마음, 오만한 마음 그리고 욕심을 덜어내는 힘을 가지게 하고자 한 것이다. 이는 시인의 마음에 생명 가치를 일깨우는 대상으로서 정서적 반응체가 작용한 것으로 볼 수 있을 것이다. 다음 시를 보자.

바람이 세차게 불면
한 무더기씩 기울어지는 유채꽃
제 몸 무게를 이기지 못한 채
휘청거리며 옆으로 눕는다
아무리 꺾일 듯 누워 있다가도
다시 곧게 일어선다
휘청거리지 않는 삶이 어디 있을까
폭풍처럼 몰아치는 시련
땅 바닥까지 내리 꽂힌 사연 속에서
다시 일어서는 게 삶이지
부는 바람 소리에
유채꽃은 일어선다

- 「유채꽃 흔들릴 때」 전문 -

이 시는 단순하다. 시인에게 있어서 삶은 흔들리는 유채(油菜)꽃의 형체로 반응한다. 인간이 겪게 되는 삶의 시련은 이루 말할 수 없다. 땅바닥에 내리꽂힐 듯한 고통을 짊어지고 있어도 결국 일어서지 않을 수 없는 것임을 시인은 토로하고 있다. 그러기에 그에게는 유채꽃이 세차게 바람이 불면 제 몸을 가누지 못하고 휘청거리며 누웠다가도 다시 일어나는 그 복원의 아름다움을 마음에 담고 이 복원의 의지를 삶과 접목하고 있는 것이다. 사물이 지닌 특이한 행태를 보면서 자신에게 닥친 고통과 시련의 바람을 이겨내야 한다는 의지를 가지고 유채꽃과 동일하다는 서정적 일체감을 찾은 것이다. 비록 단순하고 직접적인 묘사의 딱딱한 감정이 드러나 있지만 시인이 지닌 삶의 의지를 강하게 느낄 수 있는 것이다. 다음의 시를 보자.

데이빗 소로우가 살던
호숫가 근처에
집 하나 짓고
살고 싶다

비 오면 호수에
떨어지는 빗소리
들으며

밤이 되면 적막 속에
밤하늘 별을 세며

혼자여도 좋고
둘이여도 좋다

젊어서는 하나를 쥐면
하나를 놓아야
하는 걸 몰랐다

이 나이 먹고
깨달은 사실

쥐고 있는 것
다 내려 놓고

호숫가 근처에
집 하나 짓고
살고 싶다

– 「선택」 전문 –

 이 시는 호숫가에 집 한 채를 짓고 살고 싶다는 화자의 마음을 보여준다. 시인은 호숫가라는 특정한 자리를 선정하고 있다. 이 특정 지역은 '밤이 되면 적막 속에 밤하늘 별'이 뜨는 호숫가이면서 또 '비 오면 호수에 떨어지는 빗소리'가 들리는 곳이다. 시인이 선택한 이 특정의 공간은 일상적 생활 공간에서 벗어난 자리이다. 도시 생활에 찌든 이들이 항상 자연의 품속에 안겨보고 싶어 하는 정서적 응어리 같은 것일 수 있다. 그러면서 시인은 이보다 근본적으로 자신이 안고 살아가는 삶의 중심에 체험을 통해서 남아 있는 '하나를 쥐면 하나를 놓아야 하는' 것이 존재한다는 일종의 삶의 교범 같은 것을 생각하고 있다. 이를 미루어 본다면 사랑과 같은 것이 아닐까 한다. 시인은 이를 밝히지 않았지만 이 '선택'의 고통은 사랑으로 해서 무아의 행복과 같은 것으로 보여진다. 그러기에 시인이 감내하고 있는 사랑의 상실이 주는 외로움은 호숫가의 적막한 고요를 통해서 벗어날 수 있는 자리를 찾게 하는 것이 된다. 자아의 무의식 속에 언제나 구름처럼 떠다니는 외로움의 아픔과 선택이라는 어려운 결단은 또 하나의 상실이 되어 시인을 괴롭히고 있는 것이다. 시인의 눈에 비쳐진 이상향은 누구에게나 있는 꿈의 저편이라고 할 수 있다. 그러기에 이 시에서 화자가 그려낸 자연과 자아의 융합이 담긴 그림은 바로 그만의 생명 이야기가 되고 있다. 다음 시를 보자.

가슴에 간직한 나만의 섬
미지의 섬을 향하여
지상에서 끝없는 방황을 한다

하늘 한 번 쳐다 볼 여유 없이
내가 바라는 것이 무엇인지도 모른 체
끝없는 경쟁 속의 나

내가 쉴 수 있는 작은 곳
그 섬에 닿을 수 있을까
오늘도 그 섬을 찾는다

저 멀리 숨어 보이지 않아도
채워지지 않는 빈 가슴 안고
떠도는 섬을 향해 간다

- 「나만의 섬」 전문 -

    이 시 역시 화자인 '나'는 그만의 '섬'을 꿈꾸고 있다. '하늘 한 번 쳐다 볼 여유 없이' '끝없는 경쟁 속'에 던져져 무엇을 바라는지도 모른 채 살아가고 있다는 것이 시인의 현실 인식이다. 이러한 현실에서의 자의식이 이 시의 주제적 성향이다. 먼저 '나'는 섬을 찾아간다. 이 섬이 어디 있는지 어떤 것인지도 모른 채 오로지 '나'를 품어주며 안식할 수 있는 그런 섬을 찾고 있다. 특히 주목해 볼 점은 '채워지지 않는 빈 가슴'으로 다가가는 그 섬의 의미적 전제이다. 이는 시인이 마음의 공허함을 고백하고 있듯이 그에게 외로움을 품어주고 안식할 수 있는 세상에 오로지 그만의 자리가 되는 섬이라는 공간이다. 시인이 그려낸 섬은 누구에게나 있을 수 있다. 그러나 그 섬은 있을 수 없는 것일 수도 있다. 그러기에 '나'의 고백처럼 지상에서 끝없이 방황하게 하는 것이다. 그리고 이 방황의 저편에 던져진 섬은 그의 삶의 지표이기도 하다. 박복선 시인만이 지닌 이상향이며 이를 노래하는 마음이 그를 외로움에서 건져 올리는 밧줄일 수 있다.

3. 지나간 시간과 심정적 반응 그리고 미래적 전망

　박복선 시인에게 있어서 시편들에 담겨 있는 시간 개념의 설정 양상은 과거라는 지나간 시간 세계가 중심이 되어 있다. 이 지나간 시간은 체험의 깊은 인상과 삶의 실체적 형상에서 얻은 정서적 반응으로 이루고 있다. 이러한 그의 시간 개념에 대한 의미는 자아의 감성적 환기 즉 서정적 자아를 드러내는 방식에서 나타나게 된다. 그가 겪었던 일들은 가슴에 응어리가 되어 남아 있어서 현재적 위치에서 느끼는 외로움이나 고적감 혹은 삶에 대한 무의식적 허무감 등을 떠올리게 한다. 따라서 이 과거를 벗어나서 참다운 자아의 본질을 찾기 위해 그는 그의 시에서 서정적 자아의 감성적 세계를 긍정적 수용을 통해 새로운 전망으로 승화시키려는 성향도 보여준다. 다음의 시를 보자.

　　　마음에 둥지 틀던
　　　온갖 시끄러운 소리 내몰고
　　　오로지
　　　한 가지 생각으로 몰입하면

　　　강물에 햇살 부서지듯
　　　적막함 속에 두려움은 사라지고
　　　내 마음에 반짝이는 빛

　　　믿음 하나 가지고
　　　어딘가에 닿기 위해 걷는 길

고요는 번민의 눈을 덮고
별빛처럼 바꾸어지는 마음

그리고
서서히 치유되는 고통의 조각들
먼 곳으로 나를 데려다 주는
외로운 상념의 시간

- 「몰입」 전문 -

 이 시는 고통을 극복하는 방식을 보여준다. 이 시의 주제가 되는 것은 고통으로부터의 탈출이다. 이 탈출은 '몰입'이라는 방식으로 믿음을 가지고 '어딘가에 닿기 위해 걷는 길'이 된다. 이 시에서 마음의 둥지에 적막감, 두려움 그리고 번민은 고통의 조각들로 작동하고 있다. 그러나 시인은 이 고통을 몰입이라는 방식으로 극복하고자 한다. 즉 외로움에 대한 상념으로 방향도 정한 바 없이 방황하며 그 지표로 '내 마음에 반짝이는 빛' 별 같은 닿을 수 없는 세계를 그리워하게 되고 이 그리움은 믿음처럼 하나의 지향성을 보여주게 된다. 그리고 조용한 명상의 끝에 결국 고요한 평정의 안정을 가지게 된다. 이 시는 그가 고통의 늪에서 좌절하지 않고 일어서려는 굳은 의지를 형상화한 것이라 할 수 있다. 다음 시를 보자.

내 안에 으깨진 상처를
아무도 모르게
종이배에 올려
흐르는 물에 띄우고 싶다

흐르는 물 따라
이리저리 떠돌다가
어느 한적한 곳에서
흔적 없이 조각나 버렸으면 좋겠다

깊은 상처는 머물수록
더 큰 멍울을 만들기에
하나, 둘
가끔은 무더기로 떠나보내자

미처 떠나보내지 못한
또 다른 상처는
내 안에 새로운 고백이 되어
소리 없이 아문다

– 「상처」 전문 –

    이 시는 상처를 주제로 하고 있다. 시의 전개는 이별이라는 상처를 껴안고 살아가면서 느끼는 슬픔을 절절히 보여주고 있다. 화자인 '나'

를 떠나가 버린 사랑하는 이와의 이별의 슬픔은 헤어 나올 수 없는 늪에 빠진 것처럼 나를 붙잡고 속박 되어 있다. 가을이 오면 아무런 사연이 없어도 눈물이 흘러내리고 결국 그 아픔은 담쟁이넝쿨처럼 서로 어우러져 있던 추억을 떠올리게 한다. 그리고 시간이 흘러도 마음 밖으로 나오지 못하고 머물러 있음을 고백한다. 깊은 상처는 결국 홀로임을 확인하는 외로움으로 굳어지게 되는 것이다. 시인의 상처는 지워지는 것이 아니라 또 다른 외로움으로 변질하여 그의 마음 한가운데 자리 잡게 된다. 이 시에서 잔잔하게 그의 사랑이 험하게 무너져 내린 폐허화된 실상을 고백하고 이러한 고백을 통해서 '나'를 확인하고 있다. 이와 연관하여 다음 시를 보자.

마지막 남은 달력
이제 뒷장이 없는 것은
이것이 마지막이라는 것

모두 다 잊고
한 해를 보내주어야지
잊는다는 것은
무엇인가를 놓는 것

나뭇가지와 이별한
조락의 무리들 고요하고
찬바람 빈 마음 속에

들어왔다 이내 가버린다

흔들리지 않으려고
흔들리지 않으려고
뿌리 깊은 나무 붙잡고
온몸으로 울던 시간들

무성한 나뭇잎
다 버린 빈가지 보며
모두 다 잊고
한 해를 보내주어야지

- 「모두 다 잊고」 전문 -

    이 시는 마지막 남은 달력의 의미를 담고 있다. 시인에게 있어서 이 마지막 달력은 '뒷장'이 없다는 뜻이다. 즉 한 해를 다 보냈다는 것이며 이는 다시 지난 시간을 잊어야 한다는 뜻이기도 하다. 그렇지만 잊음은 슬픔의 층계를 벗어난다는 것이 아니다. 또한 시인은 '뿌리 깊은 나무 붙잡고' 흔들리지 않으며 나무와 이별하지 않으려 하는 잎새들처럼 온몸으로 견디어 온 시간들을 회상하고 있는 것이다. 제목이 상징하듯 모두 다 잊는다는 것은 마음에 쌓인 추억을 내려놓는다는 뜻에 가깝다. 실로 모든 과거의 아픔을 다 내려놓는다는 것은 불가능하지 않겠는가. 그렇지만 끊임없이 내려놓을 방법이 있었으면 하는 것이 솔직한 마음이다. 이 마음에 남아 있는 아픔의 인자들은 먼지처럼 공기 안에 부유하고 다니듯이 언제나 존재한다. 그리고 이 떠다니는 아픔은 하나의 정서적 요인으로 작동해서 외로움이라는 덩어리로 뭉쳐져 괴롭히는 것이다. 이 외로움의 미학이 바로 시인의 시정신의 개별성을 가지게 하는 것이다.

끝으로 박복선의 시에는 고백적 사연이 바탕이 되어 이룬 서정적 세계가 중심이 되어 있다. 이는 그가 세상에 적응하며 살아오는 동안 항상 그를 달래며 참답고 성실하게 바른길로 가려고 한 긍정적 삶의 정신을 가지게 한다. 그러면서도 이성적이 아닌 감성적 세계에서는 다른 반응을 일으킬 수 있다. 일을 해야 함을 당연하게 여기면서도 일이 주는 스트레스에 대하여 고통이라 여기고 마음에 공허함을 느낄 수 있는 것이다. 이 이중적 반응은 생명가치의 긍정적 수용으로 극복하게 된다. 그러면서도 이 긍정의 습관은 현실의 실제적 삶의 영역에서 이성이 아닌 감성적 바탕을 만드는 정서로 외로움이라는 자신의 심정적 고통을 끊임없이 가질 수 있다. 박 시인의 시에서 인간의 존재는 항상 진실한 삶의 인식을 가진 긍정의 면을 보여주고 있다. 그러나 그의 생명의 고백에서는 그가 겪은 불행의 그림자가 슬픔이라는 결정체로 드러나 있다. 그러나 이 결정체가 비극적 파탄이라기보다는 운명적인 삶의 수레가 되어 있는 점이 특이하다. 따라서 그의 첫 시집이 가지는 의미는 시인의 삶에 대한 진솔한 고백이라는 점에 충실하고 있어서 내면의 감성을 그대로 노출시키고 있는 것을 볼 수 있다. 그의 고백형의 서정성은 그가 밝고 맑게 바라보며 살아오는 동안 그를 덮친 세파의 아픈 진동을 자연스럽게 느끼게 해주고 있다. 박 시인은 그를 둘러싼 세계와 융화하면서도 그만의 외로움이라는 마음의 응어리를 시의 형식으로 고백하고 있다. 박 시인의 시는 어렵지 않다. 그렇다고 가볍게 보여지는 것은 더더욱 아니다. 진실한 언어에는 단순한 감동이 담겨있다. 그는 그가 가진 서정적 자아를 세워가고 있다. 그의 시적 세계관은 지금이 그 초기이다. 그러기에 열린 길로 더 달려갈 것을 기대할 수 있다. 그의 시가 비유의 틀을 치밀하게 확대시켜 알찬 서정의 울림을 가질 것도 기대한다. 첫 시집을 축하한다.

초판 인쇄일 2025년 3월 10일
초판 발행일 2025년 3월 10일
지은이 박복선
발행인 박근정
발행처 심 상

06788 서울특별시 서초구 양재동 353-4 청암빌딩 2F
TEL. 02-3462-0290
FAX. 02-3462-0293
출판등록 제라-1696

값 12,000원
ⓒ 박복선
ISBN 979-11-85659-49-7